사회는 쉽다!

★초등학교 교과서와 함께 봐요!

사회 4-2 3. 사회 변화와 문화 다양성
　　　　　　3. 사회의 변화와 문화의 다양성(교학사)
사회 5-1 2. 인권 존중과 정의로운 사회

사회의 모든 것
사회는 쉽다!

김서윤 글 · 우지현 그림

비룡소

차례

1 사회가 도대체 뭐길래! 사회의 뜻과 필요성

사회 과목은 인기 꼴찌? · 8 사람들이 모이면 사회가 돼 · 12
가족도 사회, 나라도 사회! · 14 사회를 떠나서 살 수 있을까? · 16
사회에서 살아가기 위해 꼭 필요한 것은? · 18 사회 안에서 내 역할은 뭘까? · 20
사회 교과서는 보물단지! · 22

더 알아보기 나는 어떻게 사회 구성원이 될까? · 24
알쏭달쏭 낱말 사전 · 26 도전! 퀴즈 왕 · 28

2 사회 교과서에 숨은 보물들 사회를 공부하는 이유

사회 교과서 속 문화 이야기 · 30 우리가 문화를 배우는 이유 · 32
사회 교과서 속 역사 이야기 · 34 우리가 역사를 배우는 이유 · 36
사회 교과서 속 경제 이야기 · 38 우리가 경제를 배우는 이유 · 40
사회 교과서 속 정치 이야기 · 42 사회 교과서 속 지리 이야기 · 44

더 알아보기 세계의 별별 문화들 · 46
알쏭달쏭 낱말 사전 · 48 도전! 퀴즈 왕 · 50

3 사회 안에 '이것' 꼭 있다! 사람들이 사회를 살아가는 법

사회 안에는 협동이 있다! · 52　사회 안에는 경쟁이 있다! · 54
사회 안에는 갈등이 있다! · 56　갈등이 사회에 약이 된다고? · 58
사회 안에는 규칙이 있다! · 60　관습, 도덕, 법은 어떻게 다를까? · 62

더 알아보기 사회학자는 사회를 어떻게 연구할까? · 64
알쏭달쏭 낱말 사전 · 66　도전! 퀴즈 왕 · 68

4 사회는 변화하는 거야! 사회 변화가 가져온 것들

지금 이 순간도 사회는 변하고 있다! · 70　무엇이 사회를 변화시키는 걸까? · 72
옛날 사회와 현대 사회는 어떻게 다를까? · 74
현대 사회는 어떤 특징을 갖고 있을까? · 76
지금은 옛날보다 더 좋은 사회일까? · 78　앞으로의 사회는 어떤 모습일까? · 80

더 알아보기 버려야 할 전통, 지켜야 할 전통 · 82
알쏭달쏭 낱말 사전 · 84　도전! 퀴즈 왕 · 86

5 내 손으로 만드는 더 멋진 사회! 사회를 바꾸는 방법

사회에서 일어나는 일들에 관심을 가져 봐! · 88
어렵고 힘든 처지에 있는 사람들을 도와 봐! · 90
때로는 사회의 규칙을 의심해 봐! · 92　다른 사람, 다른 문화를 존중해 봐! · 94
내가 바라는 사회의 미래를 상상해 봐! · 96　사회 교과서 속 보물들을 잘 캐내 봐! · 98

더 알아보기 21세기는 지구촌 사회 · 100
알쏭달쏭 낱말 사전 · 102　도전! 퀴즈 왕 · 104

① 사회가 도대체 뭐길래!

사회의 뜻과 필요성

저런, 사회 과목의 사정이 딱하게 됐네. 하지만 어린이들 말도 일리가 있는걸.

처음 초등학교에 들어갔을 때는 배울 게 그리 많지 않아. 과목 수도 적고 교과서도 몇 권 안 되지. 그런데 학년이 올라갈수록 과목 수가 점점 늘어나지 뭐야. 그중에서도 사회 교과서는 무슨 내용이 그리 많은지. 열심히 공부해도 다른 과목만큼 머릿속에 쏙쏙 들어오지도 않고 말이야.

그러다 보니 자연히 이런 생각이 떠올라. 도대체 사회가 뭐길래!

사람들이 모이면 사회가 돼

사회라는 단어를 딱 한 문장으로 정의하면 이래.

'문화, 제도, 가치관 등 공통의 특징을 가진 사람들이 모여서 서로 도우며 함께 살아가는 집단'

말이 좀 어렵지? 핵심은 이거야. 사회를 이루기 위해서는 여러 사람이 함께해야 한다는 점! 아무리 적어도 두 사람 이상은 되어야 해.

19세기에 유럽을 정복한 프랑스의 나폴레옹은 "내 사전에 불가능이란 없다."라고 큰소리쳤다지? 하지만 제아무리 나폴레옹이라도 혼자서 사회를 이룰 수는 없어.

"무쇠도 갈면 바늘이 된다."라는 속담 아니? 무슨 일이든 꾸준히 노력하면 된다는 뜻이야. 하지만 혼자서는 아무리 애써도 사회를 이룰 수 없어. 절대 못 해!

단 한 명으로 이루어진 사회는 과거에도 없었고, 지금도 없고, 미래에도 당연히 없을 거야. 몇 번이고 강조하지만, 한 사람만으로는 사회를 이룰 수 없으니까!

혼자서는 불가능한 일도 있다고요. 사회를 이루는 건 절대 혼자 못 하죠.

가족도 사회, 나라도 사회!

사회는 크기가 무지 다양해. 두세 명으로 이루어진 작은 사회도 있고, 수천수만 명으로 이루어진 큰 사회도 있어.

크기가 작은 사회로는 어떤 것들이 있을까? 네가 하루에 가장 많은 시간을 함께 보내는 사람들을 떠올려 봐. 그래, 가족! 가족은 네가 세상에 태어나서 속한 최초의 사회야.

친한 친구들과 함께하는 모임이 있니? 축구 모임이나 독서 모임 같은 것 말이야. 그 모임도 어엿한 하나의 사회야.

이번에는 크기가 제법 큰 사회들을 알아볼까?

네가 다니는 학교, 엄마나 아빠가 일하는 회사, 너와 네 가족이 살아가는 마을도 사회야. 학교, 회사, 마을보다 훨씬 더 큰 우리나라도 사회고. 전 세계의 나라들은 각각 하나의 사회를 이루고 있는 셈이지.

나라보다 더 큰 사회도 있을까? 물론 있고말고. 아시아, 유럽, 아프리카, 더 넓게는 동양과 서양도 하나의 사회인걸.

사회를 떠나서 살 수 있을까?

　이런 상상을 한번 해 봐. 만약 이 세상에 사회가 없다면 무슨 일이 벌어질까? 이것 하나는 확실해. 우리가 아예 태어나지도 못했을 거라는 점 말이야! 우리는 가족이라는 사회가 있는 덕분에 이 세상에 나올 수 있었던 거니까.

　그럼 사회가 없는 곳에서 살 수 있을까? 아주 불가능한 일은 아닐 거야. 『로빈슨 크루소』라는 소설의 주인공처럼 무인도에서 혼자 사는 경우도 있을 수 있으니까. 하지만 그건 정말 어쩔 수 없을 때의 일이고, 보통은 사회를 떠나서는 살기 힘들어. 몇 날 며칠이고 죽 혼자만 있으면 외롭고 심심할 거 아니야?

"인간은 사회적 동물이다."라는 말이 있어. 그리스의 철학자 아리스토텔레스가 한 유명한 말이야. 사람은 사회 없이 존재할 수 없고, 사회를 떠나서 살 수 없다는 뜻이란다.

우리는 한평생 사회 구성원으로 다른 사람들과 어울려 살아가. 사회가 우리에게 얼마나 중요한지 알겠지?

사회에서 살아가기 위해 꼭 필요한 것은?

 사회에서 살다 보면 누구나 복잡하게 얽힌 일들을 맞닥뜨리게 돼. 여럿이 모여 살다 보니 그럴 수밖에. 외식으로 무엇을 먹을지를 두고 가족들의 의견이 갈려서 애먹은 경험, 한 번쯤 있지? 작은 사회인 가족 안에서도 그러는데 학교나 회사, 나라 같은 큰 사회에서는 어떻겠니?
 그렇다고 너무 걱정할 필요는 없어. 다 해결책이 있으니까. 사회에서 중요하게 여겨지는 지식과 규칙을 배워 두면 돼.
 지식과 규칙이라니까 벌써부터 머리가 아프다고? 이것도 걱정할 필요 없어. 이미 너는 우리 사회의 중요한 지식과 규칙을 제법 많이 알고 있거든.

한번 꼽아 볼까? 너는 글자로 자기 생각을 표현할 줄 알고, 꼭 지켜야 하는 예의범절과 공중도덕도 알아. 또 우리나라의 전통문화와 역사에 대해서도 배우고 있지.

이렇게 사회에서 필요한 지식과 규칙을 알면 사회 안의 다툼과 갈등을 좀 더 현명하게 해결할 수 있어. 어때, 이제 마음이 좀 놓이지?

사회 안에서 내 역할은 뭘까?

또 하나, 네가 꼭 알아야 할 게 있어. 바로 네가 사회에서 맡고 있는 역할이야.

역할이라고 하니까 무슨 큰 임무를 해내야 하는 건가 싶어 부담스럽니? 하지만 너는 이미 여러 개의 역할을 동시에 해내고 있는걸.

넌 가족이라는 사회에서는 딸이나 아들의 역할을 하고 있지. 때때로 엄마 아빠 속을 썩이기도 하지만. 학교라는 사회에서는 학생의 역할을 하고 있어. 가끔은 친구들과 한바탕 소란을 피우기도 하지만. 또 우리나라라는 사회에서는 국민의 역할을 하고 있어. 아직은 어려서 지금보다는 앞으로 할 게 더 많긴 하지만.

너뿐만 아니라 사람들은 모두 사회에서 각자 역할을 가지고 있어. 엄마 아빠의 역할은 너를 잘 기르는 거야. 선생님의 역할은 널 잘 가르치는 것이고, 대통령의 역할은 나라를 잘 이끄는 것이지.

오늘도 사람들은 저마다 맡고 있는 여러 역할을 열심히 해내고 있어. 그래서 그 많은 사회가 술술 잘 돌아가고 있는 거야.

사회 교과서는 보물단지!

사회에서 필요한 지식과 규칙을 배우기 위해, 또 사회에서 맡은 다양한 역할을 해내기 위해 어린이라면 꼭 가야 하는 곳이 있어. 어디냐 하면, 바로 학교야!

학교에서 배우는 과목은 어느 것 하나 중요하지 않은 게 없어. 국어도, 수학도, 체육도 앞으로 네가 사회에서 살아가는 데 큰 도움을 주지.

그중에서도 특히 중요한 과목이 있어. 무엇일까? 어이없을 정도로 쉬운 질문이라고? 맞아, 정답은 사회야. 이름부터가 딱 '사회'잖아.

사회 교과서를 보면 네가 속해 있는 사회의 요모조모를 잘 알 수 있어. 그러니까 너는 사회 교과서를 읽을 때마다 보물을 캐고 있는 셈이야. 네가 사회에서 다른 사람들과 함께 즐겁고 보람 있게 살아갈 수 있도록 도와주는 보물!

더 알아보기

😊 나는 어떻게 사회 구성원이 될까?

사회에 필요한 지식과 규칙을 익히며 한 사회의 구성원이 되어 가는 과정을 사회화라고 해. 사람이라면 누구나 사회화를 하지. 우리는 엄마 배 속에서 나와 응애 하고 울음을 터트린 순간부터 사회화를 시작해. 사회화가 이루어지는 대표적인 장소들을 살펴보자.

가정

사람들의 첫 번째 사회화는 대부분 가정에서 이루어져. 네가 많이 어렸을 때라서 기억이 잘 안 날 수도 있지만, 엄마 아빠는 네게 말과 글을 가르쳐 주시고, 식사 예절과 공중도덕도 알려 주셨어. 너의 사회화를 위해 하신 일들이야. 돌아오는 어버이날에는 엄마 아빠에게 카네이션을 달아 드리면서 "저를 사회화해 주셔서 고맙습니다." 하고 말씀드려 봐.

엄마, 저를 사회화해 주셔서 감사해요!

최초의 사회화는 가정에서 이루어져!

학교

사회화에서 가정 못지않게 중요한 곳이 바로 학교야. 수업 시간에 셈을 하고 글을 쓰고 운동을 하는 것은 물론, 학교의 다양한 규칙을 익히는 것도 사회화지. 그러니까 정해진 시간까지 등교하고, 선생님께 인사하고, 교과서를 들여다볼 때 너는 사회화를 하고 있는 거야. 또 친구들과 사이좋게 어울려 노는 것도 사회화의 중요한 과정 중 하나야.

회사

학교를 졸업하고 어른이 되면 사회화가 끝나는 걸까? 아니, 어른이라 해도 새로운 사회에 속하면 또다시 사회화가 필요해. 대표적인 곳이 회사야. 어떤 회사에 취직하면 그 회사에서 해야 할 일을 새로 익히고, 그곳에서 만난 사람들과 새로운 관계를 맺어야 하잖아. 사회 구성원으로서 살아가는 동안 우리는 사회화를 끊임없이 계속해. 즉, 거의 평생 동안 사회화를 하는 거지.

⭐ 알쏭달쏭 낱말 사전

가치관

사람이 어떤 행동을 하거나 무언가에 관심을 둘 때, 가장 중요하고 쓸모 있다고 여기는 것이에요. 다시 말해, 가치관은 자신을 포함한 사람이나 사물에 대해 가지는 태도지요. 가치관은 우리가 사회 현상이나 문화, 예술, 정치 등 우리와 관련된 여러 일들을 판단하는 기준이 돼요.

현대 사회에서 신문, 라디오, 텔레비전 같은 대중 매체는 사람들의 가치관에 큰 영향을 미쳐요.

구성원

한 집단을 이루는 사람을 가리키는 말이에요. 즉, 어느 사회에 속해 있는 사람을 의미해요. "나는 가족의 구성원이자 학교의 구성원이고 태권도 학원의 구성원이야." 하는 식으로 나 자신에 대해 설명할 수 있지요.

나폴레옹(1769~1821년)

프랑스의 군인이자 정치가이며, 1804년부터 1814년까지 프랑스의 황제였어요. 지중해의 작은 섬 코르시카에서 태어나 프랑스군에 들어간 뒤 뛰어난 지도력으로 수많은 공을 세웠지요. 나폴레옹은 1799년 쿠데타를 일으켜서 새로운 정부를 세우고 제1통령이 되었으며, 1804년에는 형식적인 국민 투표를 거쳐 프랑스의 황제가 되었어요. 이후 유럽 전체를 상대로 전쟁을 벌이다가 러시아 원정에 실패한 뒤 1814년 황제 자리에서 물러났어요. 1815년 다시 권력을 잡는 데 성공했으나, 워털루 전투에서 패해 세인트헬레나섬으로 보내졌고 그곳에서 숨을 거두었어요.

로빈슨 크루소

영국의 작가 대니얼 디포가 1719년에 발표한 장편 소설의 제목이자, 이 소설 속 주인공의 이름이에요. 로빈슨 크루소가 항해를 하다가 배가 부서지는 바람에, 무려 28년이나 무인도에서 생활하는 내용이지요. 디포는 스코틀랜드 선원 알렉산더 셀커크의 경험에서 이 이야기의 아이디어를 얻은 것으로 알려져 있어요. 셀커크는 남태평양에 표류해 4년 4개월 동안 무인도에서 혼자 살았다고 해요.

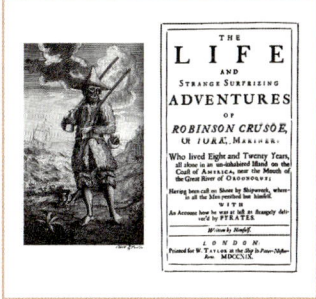

1719년에 나온 『로빈슨 크루소』예요. 이 책의 원래 제목은 "요크의 선원 로빈슨 크루소의 생애와 이상하고 놀라운 모험"이었어요.

⭐ 도전! 퀴즈 왕

다음 내용을 잘 읽고 빈칸에 알맞은 단어를 써 보세요.

1. _____ 는 문화, 제도, 가치관 등 공통의 특징을 가진 사람들이 모여서 서로 도우며 함께 살아가는 집단이에요.

2. 사회의 중요한 _____ 과 _____ 을 배워 두면 사회 안에서 벌어지는 수많은 다툼과 갈등을 평화롭게 해결할 수 있어요.

3. 사람들이 사회 안에서 자신의 여러 _____ 을 해낼 때 사회가 술술 잘 돌아갈 수 있어요.

4. 사람들이 사회에 필요한 가치, 지식, 규칙을 익히며 사회 구성원이 되어 가는 과정을 _____ 라고 해요.

5. _____ 은 우리가 세상에 태어나서 속하게 되는 최초의 사회예요.

정답 1. 사회 2. 지식, 규칙 3. 역할 4. 사회화 5. 가정

② 사회 교과서에 숨은 보물들

사회를 공부하는 이유

사회 교과서 속 문화 이야기

사회 교과서 속에 어떤 보물들이 숨어 있는지 맛보기로 살짝 들여다볼까? 첫 순서는 바로 문화야!

우리는 문화라는 말을 참 많이 써. "우리나라의 문화는 미국 문화나 일본 문화와 달라.", "전통문화는 소중해." 여기서 문화란 한 사회가 가지고 있는 독특한 생활 방식을 뜻해.

생활 방식이라니까 이건 또 무슨 어려운 말인가 싶지? 아주 간단해. 그 사회 구성원들이 평소에 살아가는 모습을 생각하면 되거든. 어떤 옷을 입고, 어떤 음식을 먹고, 어떤 집에 살고, 어떤 종교를 믿는지, 이런 것들이 모두 문화야.

티베트에서는 혀를 내밀고 인사해.

이누이트족은 얼음집인 이글루를 만들어.

뉴질랜드의 마오리족은 코를 비비며 인사해.

이슬람교를 믿는 여자들은 외출할 때 차도르를 쓰기도 해.

네 친구들을 하나하나 떠올려 봐. 어떤 친구는 키가 껑충하게 크고, 어떤 친구는 피부가 까무잡잡하고, 어떤 친구는 입술이 도톰하지.

사람들이 저마다 다르듯이 문화도 사회마다 다 달라. 밥을 먹는 방식만 봐도 알 수 있어. 우리나라에서는 젓가락과 숟가락으로 밥을 먹는데, 유럽에서는 포크와 나이프로 밥을 먹고 인도에서는 오른손으로 밥을 먹잖아. 그러니까 문화는 한 사회가 가지고 있는 개성이라고도 할 수 있어.

우리가 문화를 배우는 이유

우리는 왜 사회 교과서에서 문화에 대해 배우는 걸까?

우리가 문화와 관련해서 자주 저지르는 실수가 하나 있어. 바로 우리의 문화가 남의 문화보다 더 낫거나 더 옳거나 더 특별하다고 여기는 거야.

요즘도 세계 곳곳에서는 종교나 인종, 민족이 다르다는 이유로 큰 갈등이 벌어지고 있어. 서로의 문화를 존중하지 않고 자기네 문화만이 옳다고 믿기 때문에 일어나는 일이야.

그럼 문화는 어떤 것이든 무조건 인정해야 하는 걸까?

흠, 이건 좀 까다로운 문제야. 만약 어떤 사회에 식인종들이 산다고 생각해 보자. 사람을 먹는 것도 그 사회 나름의 문화라며 그냥 인정하고 넘어가야 할까?

문화를 존중하는 것도 중요하지만, 그보다 더욱 가치 있는 것은 사람을 존중하는 거야. 그러니까 사람을 존중하지 않는 문화는 과감히 고쳐야겠지?

사회 교과서 속 역사 이야기

사진첩을 펼쳐 봐. 네가 태어난 순간부터 지금까지 있었던 중요한 일들이 좍 보이지? 걸음마를 시작한 날, 돌잡이를 한 날, 초등학교에 입학한 날……. 이렇게 네가 겪은 중요한 일들이 모이고 모여 너의 역사가 돼. 누구나 자기만의 역사를 갖고 있지.

사회도 그 나름의 **역사**가 있어. 사진첩이나 일기장을 보면 네 역사를 알 수 있는 것처럼, 사회의 역사는 옛사람들이 남긴 기록이나 문화재, 전통문화를 살펴보면 알 수 있어.

다 지난 옛일을 알아서 뭐하느냐고? 어떤 친구에 대해 잘 알고 싶을 때 넌 어떻게 해? 그 친구가 어떤 생각을 하고, 어떤 행동을 하는지 살펴보겠지. 근데 그것만으로 충분할까? 친구가 그동안 어떻게 살아왔는지도 들여다봐야 하지 않겠어?

사회의 역사를 살펴보는 것은 그 사회를 잘 알기 위해 꼭 필요한 일이야. 역사는 현재를 비추어 주는 거울과 같거든.

우리가 역사를 배우는 이유

지나온 시간을 되돌아보면 늘 즐겁고 기쁜 일만 있었던 건 아닐 거야. 친구를 울려서 미안했던 일도 있고, 큰 실수를 저질러서 부끄러웠던 일도 있겠지.

사회의 역사도 마찬가지야. 우리나라의 역사를 살펴보면 한글을 만든 자랑스러운 역사도 있지만, 같은 민족끼리 전쟁을 한 슬픈 역사도 있어. 또 민주주의를 주장하는 사람들을 억누른 부끄러운 역사도 있지. 하지만 그런 역사라고 모르는 척해서는 안 돼. 안 되고말고.

독일과 일본을 한번 비교해 볼까? 두 나라는 모두 지금으로부터 백여 년 전에 전쟁을 일으켜서 이웃 나라들에 고통을 안긴 역사가 있어. 근데 요즘 하는 행동을 보면 하늘과 땅 차이야.

독일은 반성하고 또 반성하면서 피해자들에게 고개를 숙이고 있어. 하지만 일본은 역사를 잊어버리고 오히려 자기가 피해자인 척하고 있지. 일본에 침략당했던 우리나라와 중국, 동남아시아의 여러 나라들로서는 참 분통 터지는 일이지 뭐야.

역사를 제대로 알지 못하는 사회는 더 좋은 사회로 나아가기 힘들어. 실수를 똑바로 보고 인정해야 다음에 똑같은 잘못을 저지르지 않는 법이니까.

사회 교과서 속 경제 이야기

신문에도 텔레비전에도 언제나 빠지지 않고 나오는 뉴스가 있어. 바로 경제에 대한 뉴스야. 대체 경제가 뭐길래 그토록 사람들은 경제에 관심이 많은 걸까?

우리가 사회에서 살아가려면 필요한 게 무지무지 많아. 책, 컴퓨터, 옷 같은 물건들도 필요하지. 음식 만들기, 집 짓기, 청소하기 같은 일도 필요하고. 이렇게 우리가 살아가는 데 필요한 것들을 만들고 나누고 사용하는 활동이 곧 경제야.

　경제는 네 용돈과도 관련이 있어. 네가 용돈으로 연필을 사고 저금을 하는 것이 모두 경제 활동이야.

　가끔 용돈을 너무 일찍 다 써 버리거나, 필요도 없는 물건을 충동적으로 사는 바람에 후회할 때가 있지 않니? 그런 일이 없도록 하려면 경제를 잘 알아야 해! 경제에 대해 배워 두면 그때그때 필요한 것을 현명하게 골라서 살 수 있거든. 사회 교과서에서 경제가 절대 빠질 수 없는 이유, 이제 알겠지?

우리가 경제를 배우는 이유

자, 이제 경제가 무엇인지, 얼마나 중요한지 알았으니까 경제 뉴스를 다시 한번 들여다보자. 우리가 사는 사회에 경제와 관련해 어떤 문제들이 있는지 알아보는 거야.

이런 뉴스 들어 본 적 있지? 우리 사회 한쪽에서는 돈 많은 사람들이 자꾸 재산을 불리고 있는데, 다른 한쪽에서는 돈 없는 사람들이 자꾸 빚을 지고 있대. 부유한 사람과 가난한 사람의 차이가 갈수록 심해지고 있는 거야.

회사에서 열심히 일하고도 월급을 받지 못하거나, 이유도 없이 해고당한 사람들이 시위를 하고 있다는 소식도 자주 볼 수 있는 경제 뉴스야. 다들 얼마나 억울하고 힘들까.

심각한 경제 뉴스를 보다 보니 머리가 지끈지끈 아파 온다고? 그렇다고 문제를 외면해서는 안 돼. 경제는 우리 일상생활과 밀접하게 관련된 것인 만큼, 문제가 있다면 사회 전체가 해결책을 찾기 위해 함께 노력해야 해.

사회 교과서 속 정치 이야기

사회에는 언제나 이런저런 크고 작은 문제가 생겨나곤 하지. 그럴 때는 서로 대화하고 양보하며 가능한 한 많은 사람들의 의견을 모아서 문제를 해결해야 해. 이렇게 사람들이 사회의 문제를 함께 해결하는 활동을 **정치**라고 해.

어디에 새 학교를 지을지, 세금으로 무엇을 할지, 환경을 오염시킨 기업에 어떤 벌을 줄지 결정하는 것도 정치야.

정치 하면 네 머릿속에는 어떤 게 떠오르니? 엄마 아빠가 대통령 선거에서 투표하던 모습? 텔레비전에서 본 국회 의원들의 회의 장면? 대통령이나 국회 의원처럼 정치를 전문적으로 맡아 하는 사람을 '정치인' 또는 '정치가'라고 해.

그렇다고 정치는 정치인들만의 일이라고 오해하지 마. 네가 속한 작은 사회에서도 정치는 언제나 이루어지고 있거든. 우리 반의 문제를 함께 해결하기 위한 학급 회의, 가족의 문제를 의논하는 가족 회의도 모두 정치 활동이야. 정치가 바로 너의 일이기도 하다는 사실, 꼭 기억해 둬.

사회 교과서 속 지리 이야기

주말에 가족 여행을 가기로 했다면 가장 먼저 무엇을 해야 할까? 맞아, 여행 장소부터 정해야지. 장소를 정한 다음에는? 바다가 있는지 산이 있는지 주변의 자연환경도 알아보고, 더운지 추운지 날씨도 알아보고, 기차를 탈지 버스를 탈지 교통도 알아봐야 해. 말하자면 여행 장소의 지리를 조사하는 거야.

지리란 땅의 생김새, 날씨, 교통 등 어느 지역에 관한 여러 정보를 통틀어 가리키는 말이야. 당연히 지리는 사회마다 다르지.

지리는 그 사회에서 살아가는 사람들에게 큰 영향을 미쳐. 옷차림만 봐도 그래. 추운 곳에 사는 이누이트족은 두꺼운 털옷을 입지만, 더운 곳에 사는 아프리카 사람들은 얇은 천으로 된 옷을 입잖아.

그래서 한 사회의 지리를 조사해 보면 그 사회 구성원들에 대해서도 보다 잘 이해할 수 있어. 이참에 네가 속한 사회의 지리가 네게 어떤 영향을 주고 있는지 한번 생각해 봐!

더 알아보기

세계의 별별 문화들

　문화는 나라마다, 지역마다 참 달라. 그래서 세상에는 우리 눈에 특이하게 보이는 문화도 꽤 많아. 물론 우리 문화도 누군가에게는 무지 특이하게 보일 수 있겠지!

오해하기 십상!

우리나라에서는 어른들이 아이의 머리를 쓰다듬는 모습을 자주 볼 수 있어.
그런데 태국에서 다른 사람의 머리를 쓰다듬는 것은 굉장히 무례한 행동이야.
태국 사람들은 머리에 영혼이 담겨 있어 소중히 해야 한다고 믿거든.
또 우리는 '응'이라는 뜻으로 고개를 끄덕이고, '아니'라는 뜻으로 고개를 젓잖아.
그런데 불가리아에서 그랬다가는 혼란이 생길걸. 불가리아 사람들은 '아니'라는 뜻으로 고개를 끄덕이고, '응'이라는 뜻으로 고개를 젓거든.
그런가 하면 우리나라에서는 다른 사람을 내 쪽으로 부를 때 손바닥을 아래로 하고 손가락을 까딱이잖아. 그런데 이 동작이 미국에서는 '이리 와'가 아니라 '저리 가'라는 뜻으로 쓰인대. 누군가를 가까이로 부르려다 오히려 멀리 보내 버릴 수도 있는 거지.

절대 먹지 마!

인도 사람들이 많이 믿는 힌두교에서는 소고기 먹는 것을 금지하고 있어. 소를 신성한 동물로 여기거든. 힌두교에는 여러 신이 있는데, 그중 시바라는 이름의 신이 소를 타고 다니기 때문이지.
그런가 하면 이슬람교에서는 돼지고기 먹는 것을 금지하고 있어. 돼지고기가 불결한 음식이라고 생각하기 때문이야. 이슬람교의 경전인 쿠란에도 "돼지고기를 먹지 마라."라고 적혀 있어.

이런 것도 먹어?

아프리카 사람들에게 흰개미는 맛난 먹을거리야. 날것 그대로 먹기도 하고 튀기거나 구워서 먹기도 해. 중국에서는 제비 집도 먹을거리가 되지. 바다제비가 지은 집으로 만든 '옌워'라는 수프는 옛날 중국의 황제들이 즐겨 먹던 고급 요리야.
그런가 하면 스웨덴에서는 '수르스트뢰밍'이라고 불리는 청어 통조림이 있어. 생선이니까 그저 평범한 먹을거리라고 생각하면 오산! 수르스트뢰밍은 그 특유의 고약한 냄새 때문에 세계 최고의 악취 음식으로 꼽히고 있어. 통조림 뚜껑을 열자마자 "이런 것도 먹어?" 하는 소리가 절로 나올걸.

⭐ 알쏭달쏭 낱말 사전

민족
한 지역에서 오랫동안 함께 어울려 살며 같은 언어, 풍습, 문화, 역사를 가지게 된 집단이에요. 하나의 민족으로 이루어진 나라도 있고, 둘 이상의 민족들이 모여 이루어진 나라도 있어요. 우리나라는 오랫동안 하나의 민족으로 이루어져 있었지만, 이제는 다양한 민족이 어우러진 다문화 사회가 되었어요.

인종
사람을 지역이나 생김새에 따라 구분한 것이에요. 피부색에 따라 백인종, 황인종, 흑인종 등으로 나누는 것이 대표적이지요. 오랫동안 인종은 사람들을 차별하는 원인이 되곤 했어요. 미국의 흑인 노예 제도, 남아프리카 공화국의 백인과 흑인 차별 정책인 아파르트헤이트, 오스트레일리아에서 백인이 아닌 다른 인종의 이민을 금지한 백호주의 등이 대표적인 인종 차별 제도지요. 오늘날에도 여러 민족이 함께 사는 여러 나라에서는 인종 차별이 큰 문제가 되고 있어요.

미국의 마틴 루서 킹 목사는 흑인 차별에 반대하는 인권 운동을 활발히 펼쳤어요. 그 공을 인정받아 1964년 노벨 평화상을 받았지요.

일본군 위안부

제2차 세계 대전 때 일본은 한국, 중국, 필리핀, 인도네시아 등에서 많은 여성을 전쟁터로 끌고 가 군대의 위안부로 삼았어요. 강제로 일본군 위안부가 된 여성들은 성적인 학대에 시달려야 했어요. 전쟁 과정에서 목숨을 잃은 경우도 많았지요. 오늘날 일본군 위안부 할머니들은 일본 정부가 책임을 인정하고 정식으로 사과하기를 요구하고 있어요. 또 일본 역사 교과서에 일본군 위안부에 대한 내용을 실을 것도 요구하고 있고요. 하지만 일본 정부는 이러한 요구에 귀 기울이기는커녕, 툭하면 일본군 위안부라는 존재 자체를 부정하기 일쑤예요.

일본군 위안부 문제가 해결되길 바라는 마음이 담긴 평화의 소녀상이에요. 서울의 일본 대사관 앞에 처음 세워졌어요. 지금은 우리나라와 세계 곳곳에서 평화의 소녀상을 만날 수 있어요.

종교

사람들이 신과 같은 초인간적인 존재에 의지해서 고민을 해결하고 삶의 목적을 찾으려고 하는 문화적 제도를 말해요. 세계 3대 종교로 꼽히는 기독교, 불교, 이슬람교 외에도 유대교, 힌두교, 유교, 도교 등 다양한 종교가 있어요. 종교는 사람들의 생활 습관이나 사회 제도에 큰 영향을 미쳐요.

⭐ 도전! 퀴즈 왕

아래 내용을 잘 읽고 맞으면 ○, 틀리면 ✕를 표시하세요.

1. 세계 곳곳에서 종교나 인종이나 민족이 다르다는 이유로 다툼이 벌어지는 것은 서로의 문화를 존중하지 않고 자기네 문화만이 옳다고 생각하는 탓이 커요. (   )

2. 일본은 백여 년 전 전쟁을 일으켜 이웃 나라들에 고통을 안긴 데 대해, 여러 번 반성하면서 피해자들에게 고개 숙여 용서를 빌었어요. (   )

3. 사회 교과서에서 경제에 대해 배우면 그때그때 필요한 것을 현명하게 골라서 사는 법을 알 수 있어요. (   )

4. 정치는 대통령이나 국회 의원 같은 정치인들만 할 수 있는 일이라서 보통 사람들은 신경 쓰지 않아도 돼요. (   )

5. 어떤 사회의 지리를 조사해 보면 그 사회 구성원들을 보다 잘 이해할 수 있어요. (   )

정답 1. ○ 2. ✕ 3. ○ 4. ✕ 5. ○

③

사회 안에 '이것' 꼭 있다!

사람들이 사회를 살아가는 법

사회 안에는 협동이 있다!

　너와 네 친구들은 각자 다른 개성을 가지고 있지만, 한편으로는 공통점도 가지고 있어. 노는 걸 좋아한다는 점도 같고, 미래를 준비하는 어린이라는 점도 같아.

　사회도 저마다 다르지만, 한편으로는 어느 사회에서나 볼 수 있는 공통점이 여럿 있어. 그중에서도 첫손가락에 꼽히는 공통점이 바로 **협동**이야! 같은 목표를 향해 힘을 합쳐 함께 노력하는 거지.

온 가족이 저녁을 먹기 위해 함께 요리하는 것도, 학생들이 교실을 깨끗이 하기 위해 함께 청소하는 것도, 게임 회사 직원들이 새로운 게임을 발표하기 위해 함께 일하는 것도 모두 협동이야.

협동 덕분에 사회는 지금처럼 발전할 수 있었어. 넓은 강에 다리를 놓는 것처럼 힘든 일도 많은 사람이 협동하면 거뜬히 해낼 수 있거든.

만약 사회에 협동이 없어서 무슨 일이든 혼자 힘으로만 해결해야 한다면 살기가 너무너무 피곤할 거야. 이런 속담도 있잖아. "백지장도 맞들면 낫다!"

사회 안에는 경쟁이 있다!

　같은 목표를 가진 사람들은 늘 협동만 할까? 아니! 사회에서는 협동만큼이나 경쟁도 자주 일어난단다.

　경쟁은 같은 목적을 가진 사람들이 다른 사람을 이기려고, 또는 다른 사람보다 앞서려고 서로 능력을 겨루는 거야. 너도 운동회에서 달리기 시합을 할 때 친구들보다 먼저 결승선에 닿기 위해 온 힘을 다해 뛰어 본 적이 있지? 그게 바로 경쟁이야.

　협동과 달리 경쟁은 영 나쁘게 느껴진다고? 하지만 알고 보면 협동과 마찬가지로 경쟁도 사회를 더욱 발전시켜 줘.

앗, 스마트폰들도 경쟁을 하네.

끝까지 최선을 다할 거야!

앗, 꼴찌다.

난 와이파이가 약해서 3등.

예를 들어, 시장의 가게들은 더 많은 손님을 끌기 위해 서로 경쟁해. 더 좋은 물건을 가져다 놓기도 하고, 값을 낮추기도 하고, 가게 안을 멋지게 단장하기도 하면서 말이야. 그렇게 가게들끼리 경쟁하다 보면 시장을 찾는 손님들이 점점 늘어나서 시장 전체가 북적북적해져. 시장이라는 사회가 경쟁을 통해 더 좋아지는 거지!

현대 사회의 필수품이 된 스마트폰도 경쟁이 없었다면 세상에 나오지 못했을 거야. 여러 회사가 더 많은 소비자의 선택을 받기 위해 더 뛰어난 휴대폰을 만들려고 경쟁하다 보니 짠 하고 스마트폰이 탄생했거든.

사회 안에는 갈등이 있다!

협동을 하든 경쟁을 하든, 사람들이 사이좋게 지내기만 한다면 사회는 평화로울 거야. 하지만 사회에는 꼭 시끄러운 일이 생기곤 해. 친한 친구들끼리도 하하 호호 웃고 떠들다가 갑자기 툭탁툭탁 다툼이 벌어지곤 하잖아.

서로 의견이 다른 사람들이 "내가 옳아!", "아냐, 내가 옳아!" 하고 자기 입장을 내세우며 충돌하는 것을 갈등이라고 해.

갈등은 가까운 사람들 사이에서도 자주 일어나. 가족들이 텔레비전으로 만화를 볼지, 드라마를 볼지, 뉴스를 볼지 옥신각신하는 것도 갈등이지.

집단과 집단 사이에서도 갈등이 일어나. 기업이 강 옆에 큰 공장을 지으려고 하는데, 환경 단체가 강물이 오염될 위험이 크다고 반대하는 것처럼 말이야.

나라와 나라 사이에도 갈등은 있어. 우리나라는 일본과 큰 갈등을 겪고 있어. 일본이 우리 땅인 독도를 자꾸만 자기네 땅이라고 우기기 때문이지.

갈등이 심해지면 싸움이 일어나기도 해. 문제를 해결하기 위해서가 아니라, 오로지 상대방을 이기기 위해 부딪치고 맞서다 보면 폭력이나 전쟁 같은 잘못된 선택을 할 수도 있어. 그럴 때 갈등은 사회를 무너뜨리고 갈라지게 하는 원인이 되기도 해.

갈등이 사회에 약이 된다고?

"갈등은 참 나쁜 거구나. 우리 사회에서 갈등을 몰아내야 해!" 하고 주먹을 불끈 쥐고 있니? 근데 이를 어쩌나. 사회에서 갈등을 완전히 없애는 건 불가능하걸랑.

세상에 똑같은 사람은 한 명도 없어. 서로 다른 사람들이 서로 다른 의견을 갖고 부딪치는 건 너무나 당연한 일이야. 네가 아무리 엄마를 사랑해도 엄마와 항상 생각이 같을 수는 없잖아?

사실 갈등은 슬기롭게 풀기만 하면 오히려 사회에 좋은 약이 되기도 해. 갈등을 통해 사회 안에 다양한 의견이 존재한다는 사실을 확인하고, 다 함께 머리를 맞대 해결 방법을 찾으면 더 나은 사회로 발전하는 계기가 될 수 있거든.

그럼 갈등을 슬기롭게 해결하려면 어떻게 해야 할까? 갈등이 생겼을 때 무조건 목소리부터 높이거나, 힘으로 상대방을 누르려고 해서는 안 돼! 문제가 없는 양 무시하거나, 나 몰라라 모른 척해서도 안 돼!

아무리 어렵고 복잡한 갈등이어도 함께 대화하며 갈등을 풀기 위해 노력해야 해. 물론 자기 의견만 고집해서는 대화가 잘 될 리 없겠지? 대화로 문제를 풀고 싶다면 상대방에 대한 배려와 이해가 무엇보다 중요하다는 거, 잊지 마!

사회 안에는 규칙이 있다!

사회에는 갈등이 너무 많이 생기지 않도록 도와주는 강력한 도구가 있어. 그 도구는 다름 아닌 규칙이야.

규칙은 사회 안의 약속이라고 할 수 있어. 그 사회의 구성원이라면 누구나 지켜야 하는 약속. 이럴 때는 이렇게, 저럴 때는 저렇게 행동하기로 미리 정해 놓고 다 함께 지키는 거야.

야구 경기 본 적 있니? 투수는 공을 던지고 타자는 방망이로 공을 때리지. 그게 야구의 규칙이니까. 그런데 만약 선수들이 규칙을 지키지 않고 멋대로 행동하면 어떻게 될까? 투수는 공을 발로 차고, 타자는 테니스 라켓으로 공을 친다면? 경기가 엉망진창이 되겠지? 난리도 그런 난리가 없을걸.

규칙 덕분에 사회는 갈등을 줄이고 평화를 지킬 수 있어. 그래서 사회마다 여러 가지 규칙을 갖추고 있지.

네가 매일 얼마나 많은 규칙을 지키고 있는지 한번 생각해 봐. 우리가 사회에서 살아가는 데 규칙이 얼마나 큰 역할을 하는지 느낄 수 있을 거야.

관습, 도덕, 법은 어떻게 다를까?

규칙이라고 다 같은 건 아니야. 규칙에는 다양한 종류가 있고, 쓰임새나 성격도 저마다 다르거든. 그중 대표적인 것 몇 가지를 살펴보자.

첫째, 관습! 한 사회에서 오랫동안 전해 오면서 사람들이 널리 따르게 된 규칙을 **관습**이라고 해. 우리나라에서는 집 안에서 신발을 벗고 있는데, 미국에서는 신발을 신고 있잖아? 이런 것들이 관습이야. 관습은 사회에 따라 달라지곤 해.

둘째, 도덕! 사람이라면 누구나 마땅히 지키고 따라야 하는 규칙이 도덕이야. 남의 물건을 도둑질하지 않는 것이나, 다친 사람을 도와주는 것처럼 양심에 따르는 행동을 말하지. 관습과 달리 도덕은 사회가 달라도 그 내용이 비슷한 경우가 많아.

셋째, 법! 법은 나라에서 만든 규칙이라고 할 수 있어. 파란불이 켜졌을 때만 횡단보도를 건너야 한다는 것, 만 여섯 살이 되면 초등학교에 가야 한다는 것 등이 법으로 정해진 규칙이야. 법 중에는 도덕과 겹치는 것이 꽤 많아. 예를 들어, 다른 사람을 때리거나 죽이면 안 된다는 건 도덕인 동시에 법이지. 법을 어기면 벌을 받아. 벌금을 내거나 감옥에 갇히는 거야.

> 더 알아보기

사회학자는 사회를 어떻게 연구할까?

 '사회학자'는 사회에 대해 연구하는 사람이야. 우리 사회가 어떤 특징을 가졌는지, 어떻게 변화하고 있는지 조사해. 왜 사회를 연구하느냐고? 그야 사회를 잘 알면 사회에 어떤 문제가 생겼을 때 더 잘 해결할 수 있기 때문이지. 또 사회에서 일어날 수 있는 사고나 말썽을 미리 막을 수도 있고. 사회학자들은 어떻게 사회를 연구할까?

인터뷰

인터뷰 하면 먼저 기자가 떠오르지? 기자가 어떤 사건을 취재하기 위해 관련된 사람에게 이것저것 물어보는 것을 인터뷰라고 하잖아. 그런데 기자만큼이나 사회학자도 인터뷰를 좋아해. 다양한 지역에서 다양한 분야의 사람들을 만나서 이야기하다 보면 우리 사회에 대해 더 깊이 이해할 수 있거든.

설문 조사

그런데 한 사람, 한 사람 붙잡고 인터뷰하려면 어휴, 시간이 너무 많이 걸리겠네. 그래서 사회학자는 설문 조사도 자주 이용해. 설문 조사는 여러 사람에게 질문지를 돌리는 방법이야. 빠른 시간 안에 많은 내용을 조사할 수 있는 게 장점이지.

자료 조사

정부에서 남긴 기록, 누군가의 일기, 신문에 난 기사, 다른 사회학자의 연구 결과 등 사회 안에서 만들어진 여러 자료들은 그 사회를 보여 주는 좋은 거울이 돼. 그래서 사회학자들은 이런 자료들도 열심히 들여다봐. 요즘엔 텔레비전 프로그램이나 인터넷 사이트에 올라오는 각종 게시물들도 사회를 연구하는 중요한 자료가 되고 있어.

⭐ 알쏭달쏭 낱말 사전

독도

우리나라 동쪽 끝에 있는 화산섬으로, 울릉도에서 약 90킬로미터 떨어져 있어요. 독도는 울릉도와 함께 신라 시대 때부터 우리나라의 국토였어요. 그런데도 일본은 틈만 나면 독도를 자기네 땅이라고 억지 주장을 하고 있어요. 일본이 이런 억지를 부리는 데는 경제적인 이유가 커요. 독도 주변은 난류와 한류가 만나는 곳이라 다양한 종류의 해양 생물들이 살고 있거든요.

독도는 동도와 서도라는 큰 섬 두 개와 그 주변의 크고 작은 바위들로 이루어져 있어요.

스마트폰

휴대폰에 컴퓨터의 기능을 더한 것이에요. 사용자가 설치하는 응용 프로그램에 따라 쇼핑, 영화 예매, 사진 편집 등 다양한 일을 할 수 있는 것이 특징이지요. 스마트폰은 뛰어난 편리함으로 현대 사회의 필수품이 되었지만 부작용도 있어요. 일상생활에 지장이 생길 정도로 하루 종일 스마트폰만 들여다보는 스마트폰 중독 현상이지요.

스마트폰이 지금처럼 널리 퍼진 것은 2007년 애플의 아이폰이 나오면서부터였어요. 지금도 계속해서 더욱 발전된 스마트폰이 나오고 있지요.

전쟁

두 나라 이상이 서로 갈등을 겪다가 무력을 사용해 싸우는 것이에요. 때로는 한 나라 안에서 다른 세력끼리 전쟁을 벌이는 경우도 있고요. 전쟁이 일어나는 이유는 다양해요. 영토를 차지하려고 벌이는 전쟁도 있고, 종교나 민족이 달라서 벌이는 전쟁도 있어요. 이유가 무엇이건 간에 전쟁은 많은 사람의 목숨을 앗아 가요. 승리한 나라에도, 패배한 나라에도 씻을 수 없는 상처를 남기지요.

북한군의 침략으로 시작된 육이오 전쟁은 약 3년 동안 이어지며 한반도 전체에 큰 피해를 입혔어요.

환경 단체

환경 보호 활동을 하는 시민 단체예요. 환경 문제가 날로 심각해지면서, 환경 단체들의 활동도 점점 활발해지고 있어요. 세계적으로 손꼽히는 환경 단체로는 그린피스가 있어요. 우리나라에서는 환경운동연합, 녹색연합 등의 환경 단체들이 활동하고 있어요.

그린피스는 1971년 설립되어 다양한 환경 보호 운동을 해 왔어요. 원자력 발전에 반대하는 운동을 벌이거나 고래를 불법적으로 잡는 어선을 막고 플라스틱 쓰레기를 줄이기 위해 노력하는 것 등이 그린피스의 대표적인 활동이에요.

⭐ 도전! 퀴즈 왕

왼쪽에 쓰인 설명을 잘 읽고 알맞은 단어에 줄을 이어 보세요.

1. 같은 목적을 가진 사람들이 이기거나 앞서려고 서로 능력을 겨루는 것이에요. ● ● ① 규칙

2. 서로 의견이 다른 사람들이 자기 입장을 내세우며 충돌하는 것이에요. ● ● ② 법

3. 그 사회에 속한 사람이라면 누구나 지켜야 하는 약속이에요. ● ● ③ 경쟁

4. 나라에서 만든 규칙으로, 이것을 어기면 벌금을 내거나 감옥에 갇힐 수 있어요. ● ● ④ 관습

5. 전통, 예절처럼 오랜 세월 동안 전해 오면서 사람들이 널리 따르게 된 규칙이에요. ● ● ⑤ 갈등

정답 1-③ 2-⑤ 3-① 4-② 5-④

④ 사회는 변화하는 거야!

사회 변화가 가져온 것들

지금 이 순간도 사회는 변하고 있다!

오래전 사진 속의 너는 조그마한 아기였어. 하지만 지금은 제법 큰 어린이가 되었지. 언제 그렇게 바뀌었을까? 스파이더맨처럼 어느 날 갑자기 변신을 했나? 아니지, 너는 매일매일 조금씩 자라서 지금의 네 모습이 되었어.

네가 계속 변하는 것처럼 사회도 계속 변하고 있어. 새로운 문화나 규칙이 생겨나기도 하고, 원래 있던 문화나 규칙이 사라지기도 해. 새로운 사람이 들어오기도 하고, 원래 있던 사람이 나가기도 하지. 때로는 아예 새로운 사회가 생겨나거나, 오래된 사회가 없어지기도 하지.

사회가 변화한다는 건 학교만 봐도 알 수 있어. 요즘은 수업 시간에 휴대폰을 사용해서는 안 된다는 교칙이 새로 생겼어. 하지만 예전에는 이런 교칙이 없었어. 휴대폰이란 것이 세상에 존재하지 않았으니까.

비록 네 눈에는 잘 띄지 않는다 해도 사회 곳곳에서 변화는 빠르든 느리든 쉼 없이 일어나고 있어. 사회가 마치 살아 있는 생물처럼 느껴지지 않니?

무엇이 사회를 변화시키는 걸까?

사회를 변화시키는 힘은 대체 어디서 오는 걸까? 자, 머리를 굴려 추리해 보자.

답은 가까이에 있어. 사회를 변화시키는 힘은 바로 그 사회에서 살아가는 사람들로부터 나와. 사람들은 사회에 필요한 규칙을 정하고, 다른 사회의 문화를 들여오고, 살아가는 데 도움이 되는 새로운 물건을 만들어 내. 이렇게 사람들이 하는 다양한 활동이 사회에 영향을 끼치고 변화를 일으키지.

네 안에는 지금보다 더 멋진 사람이 되고 싶은 마음이 있을 거야. 마찬가지로 사회 구성원들은 자신이 속한 사회를 더 멋지게 만들고 싶은 마음을 갖고 있어. 그래서 사회의 부족한 부분을 고치고, 좋은 부분은 더욱더 나아질 수 있도록 노력해.

하지만 사회가 꼭 좋은 방향으로만 변화하는 건 아니야. 나쁜 방향으로 변화하기도 하지. 예를 들어, 오늘날 전쟁에서는 더욱 파괴적인 무기가 쓰이고 있고 환경 오염은 날로 심해지고 있잖아. 사회 구성원들이 어떤 선택을 하느냐에 따라 더 좋은 사회가 될 수도, 더 나쁜 사회가 될 수도 있는 거야.

옛날 사회와 현대 사회는 어떻게 다를까?

우리가 살고 있는 현대 사회는 옛날 사람들이 살았던 사회와 어떻게 다를까?

옛날에는 사람들이 대부분 농촌에서 살았어. 할머니, 할아버지, 고모, 이모, 삼촌, 사촌, 오촌, 육촌 등 온 가족과 친척이 한 마을에 모여 살았지. 사람들은 대부분 자기가 태어난 고향에서 한평생을 보냈어.

하지만 현대 사회는 농촌에 사는 사람보다 도시에 사는 사람이 훨씬 많아. 가족과 친척은 서로 다른 곳에 흩어져 살지. 태어난 고향에서 평생을 사는 사람은 드물어졌어. 옛날 사람들이 타임머신을 타고 현대 사회에 오면 우리를 외계인 보듯 할걸.

사회가 변화하는 속도도 점점 빨라지고 있어. 옛날에는 할아버지 할머니가 살았던 것과 거의 같은 방식으로 손자 손녀도 살았어. 사회가 워낙 느릿느릿 변했거든.

요즘은 사정이 완전히 달라졌어. 사회는 하루가 멀다 하고 변하고 있지. 옛날 사회가 거북이라면 현대 사회는 토끼 아니, 경주마라고나 할까. 그것도 『이솝 이야기』 속 토끼처럼 중간에 잠들기는커녕 잠시도 쉬지 않고 달리는 경주마!

현대 사회는 어떤 특징을 갖고 있을까?

예전에는 태어나면서부터 누구는 왕, 누구는 평민, 누구는 노비, 이렇게 신분이 정해져 있었어. 신분이 높은 사람은 평생 높은 사람으로, 신분이 낮은 사람은 평생 낮은 사람으로 살아야 했지. 하지만 현대 사회에서는 누구나 똑같이 평등한 시민이야. 어떤 직업을 갖고 어디에 살 것인지 자유롭게 선택할 수 있어. 또 옛날에 왕의 자리는 대대손손 물려받았지만, 현대 사회의 대통령은 시민들의 선택을 받아야 해.

예전에는 대부분 농사를 지어서 먹고살았어. 그런데 현대 사회에서는 논밭보다 공장이나 사무실에서 일하는 사람이 훨씬 많아. 새로운 직업이 자꾸 생겨나 직업도 무척 다양해졌어. 더구나 기계와 컴퓨터의 발달로 힘을 덜 들이고 일할 수 있지.

또 예전에는 다른 나라는커녕 이웃 마을에서 무슨 일이 벌어지는지도 잘 알 수가 없었어. 하지만 현대 사회에서는 세계 구석구석의 소식까지 금세 알 수 있어. 다른 사회의 문화를 받아들이고, 우리 문화를 세계에 알리는 것도 자연스러워졌지.

전 세계가 하나의 사회가 되었달까. 지구 전체를 한마을처럼 이르는 '지구촌'이라는 말, 너도 들어 봤지?

지금은 옛날보다 더 좋은 사회일까?

옛날과 비교해 보니까 현대 사회가 무척 살기 좋은 사회인 것 같지? 근데 꼭 그렇지만은 않단다.

현대 사회의 편리한 물건과 기술을 모든 사람이 공평하게 누리고 있는 것은 아니야. 힘없고 가난한 사람들은 변화에 뒤처지거나 소외되곤 해. 신분 제도가 사라진 지 한참 되었지만 실제로는 여전히 불평등한 대우를 받는 경우도 많아.

혹시 엄마 아빠를 향해 "세대 차이 나!" 하고 투덜거린 적 있니? 할머니 할아버지가 "요즘 애들이란, 쯧쯧." 하고 혀를 차는 모습을 본 적은? 사회가 너무 빨리 변하다 보니 나이가 많은 사람들과 나이가 적은 사람들 사이에 갈등도 커졌어. 또 나이가 많은 사람들이 변화에 적응하지 못해 힘들어지는 일도 자주 일어나.

지구촌으로 눈을 돌려 보아도 그래. 여전히 툭하면 전쟁이 일어나고 있고 환경 파괴는 갈수록 심각해지고 있어.

이러니 현대 사회가 예전보다 무조건 좋은 사회라고 자신 있게 말하긴 좀 힘들겠지?

앞으로의 사회는 어떤 모습일까?

　사회는 앞으로도 계속 변화하겠지. 미래에 우리는 어떤 사회에 살게 될까?
　정보 통신 기술의 발달로 인터넷이 사회에서 더욱 중요한 역할을 하게 될 거야. 사람들이 인터넷으로 대통령이나 국회 의원에게 자기 의견을 더 쉽게 드러낼 수 있으니까 민주주의도 더 발달할 수 있을 거야.

전 세계가 하나가 되고 여러 사회의 문화가 서로 섞이면서 새로운 문화도 많이 생겨날 거야. 사람들의 개성이 더욱 다양해질 거고, 누구나 자기 개성을 존중받을 거야. 사회 복지가 발달해서 더는 가난이나 장애를 이유로 소외받는 사람들이 생기지 않을 거야.

물론 이런 사회는 절대 그냥 만들어지지 않아. 그 사회 구성원들이 다 함께 노력해야 이룰 수 있단다.

더 알아보기

 버려야 할 전통, 지켜야 할 전통

　우리에게는 다양한 전통이 있어. 오랫동안 이어져 내려온 우리의 소중한 전통을 제대로 알고 보존하는 것은 매우 의미 있는 일이야. 하지만 사회가 변화함에 따라 우리의 전통 중에도 버리거나 바꾸어야 할 것이 생겼어. 또 한편으로는 오늘날 더욱 그 의미를 되새겨 볼 만한 전통도 있지.

차별은 절대 안 돼!

옛날에는 사람을 차별하는 게 당연하다고 여겼어. 신분이 낮다는 이유로 노비를 차별하고, 남자가 아니라는 이유로 여자를 차별했지. 글자를 배울 수도 없었고 벼슬자리에 나갈 수도 없었어.
이제는 신분이나 성별은 물론, 어떤 이유로도 사람을 차별해서는 안 된다고 법으로 딱 정해져 있어. 하지만 그렇다고 차별이 사라진 건 아니야.
인종이 다르다고, 장애가 있다고, 돈이 없다고…… 여전히 다양한 이유로 차별을 겪는 사람이 많아. 생김새, 말투, 행동, 생각 등이 다르다고 사람을 차별해서는 절대 안 돼. 나 자신이 소중한 만큼 다른 사람도 소중히 여겨야 해.

서로 도우며 살아가!

현대 사회에서는 바로 이웃에 누가 사는지도 모르는 일이 흔해. 하지만 원래 우리의 전통은 이렇지 않단다.
'이웃사촌'이라는 말, 알지? 진짜 사촌 형제나 다를 바 없을 만큼 가까이 지내는 이웃을 가리키는 말이잖아. 예로부터 우리 조상들은 계, 두레, 품앗이 같은 협동 조직을 만들어 이웃에게 힘든 일이 있으면 서로 도움을 주고받았어. 서로서로 의지하고 돕는 '상부상조(相扶相助)'가 생활화되어 있었던 거야. 상부상조는 시간이 얼마나 흐르든, 사회가 어떻게 변하든 우리가 꼭 지켜 나가야 할 전통이야.

★ 알쏭달쏭 낱말 사전

계
이웃들과 경제적인 도움을 주고받거나 사이를 돈독히 하려는 목적으로 만든 협동 조직이에요. 장례를 치르는 데 필요한 돈을 함께 마련하기 위한 상포계, 서로 자주 보며 친하게 지내기 위한 친목계 등이 있어요.

두레
모심기를 할 때나 김매기를 할 때, 추수를 할 때처럼 농사일이 바쁜 시기에 다 함께 일하기 위해 만든 마을 단위의 공동 노동 조직이에요. 계나 품앗이와 달리 두레는 그 마을에 사는 사람이라면 모두 의무적으로 참여해야 했어요. 힘든 농사일을 마친 다음에는 음식과 술을 먹고 농악에 맞추어 노는 마을 공동 잔치가 열리는 경우가 많았어요.

두레 중에는 6~10명 정도의 이웃 사람들끼리 모이는 작은 두레와 마을 전체가 속하는 큰 두레가 있었고, 성별과 세대에 따라 여러 개로 나뉘었어요.

세대 차이
세대란 같은 시대에 살면서 나이가 비슷하고 공통의 경험과 가치관을 가지는 사람들 전체를 의미해요. 각 세대가 살아온 환경이 다르기 때문에 세대에 따라 서로 다른 생각을 하는 것을 '세대 차이'라고 하지요. 예를 들어, 나이가 적은 세대는 새로운 문화를 쉽게 받아들이는 경향이 있는 반면, 나이가 많은 세대는 기존의 관습이나 규칙을 계속 지키려는 경향이 강해요. 사회가 변화하는 속도가 빨라지면서 세대 차이도 심해지고 있어요.

시민

나라의 구성원으로서 권리와 의무를 가지고 자유롭게 살아가는 사람을 의미해요. 민주주의 국가에서 나라의 주인은 곧 시민인 셈이에요. 시민은 나라의 주인으로서 행동하고 책임을 져요. 시민이 등장하기 이전에는 신민이 있었어요. 신민이란 신하와 백성이라는 뜻으로, 나라를 다스리는 왕을 제외한 모든 사람이 신민이었지요.

1789년 7월, 파리 시민들이 바스티유 감옥을 습격하고 있어요. 이 일은 프랑스 혁명의 시작이 되었지요. 17~18세기에는 세계 곳곳에서 시민이 중심인 사회를 만들고자 하는 시민 혁명이 연달아 일어났어요.

품앗이

힘든 일을 거들어 주고 다음번에 도움을 받는 것이에요. 어떤 일을 하는 데 드는 힘이나 수고를 뜻하는 '품'과, 교환을 뜻하는 '앗이'가 합쳐진 말이지요. 농사일뿐 아니라 지붕 잇기, 집 수리하기, 나무하기, 퇴비 만들기처럼 혼자 힘으로 해내기 힘든 여러 일을 품앗이로 함께 해결했어요.

오늘날에는 육아 품앗이를 볼 수 있어요. 여러 부모가 모여 함께 아이들을 돌보는 것이지요.

⭐ 도전! 퀴즈 왕

다음 설명 중 바른 것을 모두 고르세요.

❶ 사회는 끊임없이 변화해요. 때로는 새로운 사회가 생겨나거나 오래된 사회가 없어지는 일도 있지요.

❷ 사회는 늘 더 좋은 방향으로, 더 나은 방향으로만 변화해요. 그래서 전쟁 같은 끔찍한 일은 더는 일어나지 않아요.

❸ 사회가 변화하는 속도는 점점 빨라져 요즘은 하루가 멀다 할 정도로 변화하고 있어요.

❹ 현대 사회에서 대통령의 자리는 대대손손 이어져 대통령의 자손이 또 대통령이 돼요.

❺ 사회가 너무 빨리 변하다 보니 나이가 많은 사람들과 나이가 적은 사람들 사이에 생각의 차이가 커졌어요.

정답 ❶, ❸, ❺

⑤ 내 손으로 만드는 더 멋진 사회!

사회를 바꾸는 방법

사회에서 일어나는 일들에 관심을 가져 봐!

세상에 완벽한 사람은 없어. 누구나 장점도 있고 단점도 있지. 그래서 우리는 더 좋은 사람이 되기 위해 단점은 줄이고 장점은 키우려고 노력해.

마찬가지로 세상에 완벽한 사회는 없어. 어느 사회에나 좋은 점이 있는가 하면 문제점도 있어. 그래서 더 좋은 사회를 만들기 위해서는 사회 구성원 모두가 사회의 문제점은 줄이고 좋은 점은 키우도록 노력해야 해.

그렇다면 우리가 어떤 노력을 기울여야 사회가 더 발전할 수 있을까?

사회를 보는 눈?

신문으로 사회를 보는 눈을 키워 봐!

가장 먼저 할 일은 우리 사회 안에서 지금 어떤 일들이 일어나고 있는지 관심을 가지는 거야. 이때 가장 좋은 방법이 바로 신문 기사를 보는 것이란다.

너만의 스크랩북을 만들어 특별히 관심이 가는 신문 기사들을 모아 봐. 그리고 그 기사에 대한 네 의견을 같이 적어 봐. 계속하다 보면 사회를 보는 눈이 부쩍 자랄 거야.

어렵고 힘든 처지에 있는 사람들을 도와 봐!

우리 사회에서 무슨 일이 일어나는지 관심을 갖고 살피다 보면 형편이 어려운 사람들, 힘든 일을 겪고 고통스러워하는 사람들이 눈에 많이 띌 거야. 우리 사회가 더 좋아지려면 이렇게 눈물 흘리고 있는 사람들이 다시 웃을 수 있도록 도와야 해. 게다가 이건 너를 위한 일이기도 해. 누군가 네 옆에서 아파하고 있다면 네 마음도 편할 수 없을 테니까.

설마 "그런 건 어른들이 할 일 아니야?" 하며 팔짱 끼고 있는 건 아니겠지? 마음만 먹으면 어린이들도 충분히 한몫할 수 있걸랑.

지하철이나 버스에서 할머니 할아버지, 장애인이나 몸이 불편한 분들을 만나면 자리를 양보해 봐. 서서 가려면 다리는 좀 아프겠지만 마음은 날아갈 것 같을걸. 또 엄마 아빠에게 받은 용돈을 아껴 두었다가 불우 이웃 돕기 성금으로 내 봐. 과자를 못 사는 건 좀 아쉬워도 마음은 그 어느 때보다 배부를걸. 가족이나 친구들과 함께 고아원이나 노인정, 장애인 시설에 가서 봉사 활동을 해 봐. 몸은 좀 피곤해도 마음은 뿌듯할걸.

때로는 사회의 규칙을 의심해 봐!

사회 구성원들은 모두 사회의 규칙을 잘 지켜야 해. 사람들이 규칙을 지키지 않으면 그 사회는 금방 무너지고 말 거야.

근데 말이야, 때로는 "이 규칙이 과연 옳은 걸까?" 하고 의심해 볼 필요도 있어. 규칙을 지켜야 한다고 해 놓고 규칙을 의심하라니, 이게 웬 앞뒤가 안 맞는 말인가 싶지? 자, 설명해 줄게.

사회에는 굉장히 많은 규칙이 있어. 그중에는 잘못된 규칙들도 껴 있지. 어떤 규칙 때문에 억울한 사람이 생긴다면 그건 잘못된 규칙이 분명해. 잘못된 규칙은 절대 그냥 놔두면 안 돼! 고쳐야지!

생각해 봐. 옛날에는 사람을 양반, 상민, 노비로 구분해서 차별하는 규칙이 있었잖아? 하지만 이제는 그렇지 않지. 사람들이 규칙을 의심한 결과, '사람은 누구나 평등하다.'라는 새로운 규칙을 만들었기 때문이야.

이렇게 잘못된 규칙을 하나하나 바꿔 나갈 때 우리 사회는 더 좋은 방향으로 나아갈 수 있어.

다른 사람, 다른 문화를 존중해 봐!

너는 노래 부르는 걸 좋아하는데 네 친구는 축구하는 게 좋대. 그럼 그 친구는 나쁜 사람일까?

이런 질문을 받으면 너는 눈을 둥그렇게 뜨고 이렇게 되묻겠지. "무슨 말도 안 되는 소리야? 당연히 친구라도 좋아하는 게 나랑 다를 수 있지."

옳은 말씀! 친구끼리 서로 다른 개성을 가지는 건 지극히 자연스러운 일이야. 나와 다르다고 해서 차별하거나 따돌리면 안 된다는 것은 상식 중의 상식이라는 사실, 너도 잘 알지?

문화도 마찬가지야. 어떤 문화가 우리 문화랑 다르다고 해서 무작정 낮추어 보거나 높여 봐서는 안 돼. 다른 사회의 다른 문화가 다소 생소하고 낯설게 느껴지더라도 색안경을 끼고 바라보아서도 안 돼.

내게는 생소한 문화라도 있는 모습 그대로 이해하고, 차이를 인정할 줄 알아야 해. 다른 건 틀린 게 아니잖아? 편견은 금물!

내가 바라는 사회의 미래를 상상해 봐!

넌 꿈이 뭐니? 나중에 커서 뭐가 되고 싶니? 무대에서 멋진 모습으로 노래하는 가수? 번뜩이는 아이디어로 새로운 기술을 창조하는 발명가? 네 꿈이 이루어진 미래를 상상만 해도 기분이 막 좋아지지 않니?

네가 되고 싶은 미래의 너를 상상하듯, 앞으로 네가 살고 싶은 사회를 상상해 봐. 그 사회는 어떤 모습이니? 어른들이 공부하라고 잔소리하지 않는 사회? 동네마다 넓은 공원과 운동장이 있는 사회? 아니면 아무도 아프지 않고 건강하게 사는 사회?

네가 어떤 사회를 상상하든 그 사회는 지금보다 더 멋진 사회, 더 살기 좋은 사회겠지? 네가 상상하는 사회를 현실로 이루기 위해서는 그냥 기다리고만 있어서는 안 돼. 네 꿈을 이루기 위해서 노력이 필요하듯, 네가 상상하는 사회를 만들기 위해서도 노력이 필요하거든.

어떤 노력이냐고? 너와 같은 상상을 하는 사람들과 힘을 모으는 거야! 더 나은 사회를 꿈꾸고 바라는 사람들이 많아질수록, 그리고 그런 사회를 만들기 위해 노력하는 사람이 늘어날수록, 그 사회는 더 빨리 이루어질 거야. 사회가 좋게 바뀌느냐 나쁘게 바뀌느냐는 다 우리에게 달려 있다는 거, 잊지 마!

사회 교과서 속 보물들을 잘 캐내 봐!

사회 교과서 안에는 네가 사회에서 즐겁게 살아갈 수 있도록 도와주는 보물이 담겨 있다고 했던 거, 기억하니? 근데 사회 교과서가 담고 있는 것은 그뿐만이 아니야. 네가 사회를 더 멋지게 만들 수 있는 방법도 가지고 있거든.

한번 꼽아 볼까? 사회 교과서는 우리 사회에서 일어나고 있는 일을 보여 주고, 약한 사람들을 돕는 방법을 알려 주고, 옳고 그른 규칙을 가려내는 눈을 키워 주고, 소중하고 자랑스러운 우리 역사와 전통을 가르쳐 주고, 네가 상상하는 사회를 이룰 수 있도록 힘을 북돋아 줘!

그러니까 사회 교과서를 열심히 읽는 것은 앞으로 우리가 살아갈 사회를 더 멋지게 만들기 위한 가장 간단하면서도 확실한 방법인 거야. 이제 사회 과목이 얼마나 중요한지, 왜 네가 사회 과목을 배워야 하는지 확실히 알겠지?

내일부터는 사회 교과서를 펼칠 때마다 반짝반짝 빛나는 네 눈빛을 기대할게!

> 더 알아보기

21세기는 지구촌 사회

　요즘은 비행기만 타면 세계 어느 나라든 쉽게 갈 수 있어. 원한다면 우리나라가 아닌 다른 나라에서도 살 수 있지. 이제는 지구 전체가 하나의 사회 즉, 지구촌이야. 더 멋진 지구촌, 더 살기 좋은 지구촌을 만들려면 어떻게 해야 할까?

다른 나라의 문화에 관심을 가져 봐!

나라와 나라 사이에는 매일같이 물건이 오가고 있어. 우리나라에서 만든 반도체가 미국으로 수출되기도 하고, 스위스에서 만든 치즈가 우리나라로 수입되기도 하는 거야.

마찬가지로 문화도 나라와 나라 사이를 오고 가. 우리나라 사람들이 양복을 입는 건 서양의 문화를 받아들인 결과야. 또 요즘 전 세계에서 우리나라 문화가 큰 인기지. 지구촌에서 살아가려면 우리 문화에만 갇혀 있기보다 다른 나라의 문화에도 두루 관심을 기울여야 해. 그래야 지구촌이라는 사회를 더 잘 이해하고 즐길 수 있어.

다른 나라의 고통에도 관심을 가져야 해!

우리나라는 육이오 전쟁을 겪은 후 많은 사람이 가난으로 배를 곯았지. 다행히 우리나라는 눈부신 경제 성장을 이루면서 그런 고통에서 벗어났어. 하지만 아직도 세계 곳곳에는 전쟁이나 가난에 시달리는 나라들이 있어. 전쟁 통에 엄마 아빠를 잃은 어린이들, 제대로 먹지 못해 굶주린 어린이들도 많아. 우리나라 문제만도 골치 아픈데 다른 나라까지 걱정해야 하느냐고? 근데 그거 아니? 옛날에 우리나라가 고통을 받을 때, 다른 나라들의 도움을 받아 우리나라가 전쟁과 가난으로부터 벗어날 수 있었다는 거. 그러니까 이제는 우리가 다른 나라들을 위해 나설 차례야. 다 함께 잘 사는 지구촌 사회를 위해!

⭐ 알쏭달쏭 낱말 사전

상민

조선 시대에 보통 백성을 가리킨 말이에요. '평민', '양민', '상인'이라고도 해요. 상민은 농사를 짓거나 물건을 만들거나 장사를 했는데, 그중에서도 농사를 짓는 사람이 가장 많았어요. 상민은 세금을 내고 전쟁터에 나가는 등 나라가 유지되는 데 없어서는 안 될 역할을 했어요. 그럼에도 지배층인 양반에게 업신여김을 당하곤 했지요. 그래도 노비보다는 신분이 높았어요.

조선 시대의 화가 김홍도가 그린 그림인 「밭갈이」예요. 상민들의 삶을 엿볼 수 있어요.

스크랩북

신문, 잡지 등에서 필요한 정보가 있는 부분을 오려 붙여 책처럼 만든 거예요. 신문 스크랩북을 만들다 보면 수많은 정보들 중에 불확실한 내용이나 불완전한 정보, 소문, 허위 사실 등을 걸러 내고 가치 있는 정보를 고르는 눈을 키울 수 있어요.

꼭 신문, 잡지만으로 스크랩북을 만들 필요는 없어요. 자신이 좋아하는 분야나 주제의 글, 사진, 그림을 모으는 것으로도 얼마든지 스크랩북을 만들 수 있어요.

신문

사회에서 발생한 사건에 대한 사실이나 해설을 널리 신속하게 전달하기 위해 정기적으로 펴내는 읽을거리예요. 날마다 펴내는 일간 신문 외에도 한 주에 한 번씩 내는 주간 신문, 한 달에 한 번씩 내는 월간 신문 등 다양한 형태가 있어요.

인터넷과 스마트폰이 등장하면서 종이 신문을 읽는 사람은 많이 줄고 온라인을 통해 신문 기사를 읽는 사람이 늘었어요. 하지만 여전히 신문은 새로운 정보와 지식을 얻는 좋은 방법으로 손꼽혀요.

양반

조선 시대에 지배층을 가리킨 말이에요. 높은 벼슬에 오를 수 있었고 많은 노비를 소유했어요. 그러면서 세금은 거의 내지 않고 전쟁터에도 나가지 않는 등 많은 혜택을 받았어요. 검손하게 살며 나라를 위해 애쓴 양반도 많았지만, 자기 이익만 찾아 상민과 노비를 괴롭히는 양반도 많았어요.

김홍도가 그린 「타작」이에요. 벼를 타작하느라 바쁜 농민들과 비스듬히 누워 그 모습을 지켜보는 양반을 볼 수 있어요.

⭐ 도전! 퀴즈 왕

자음만 보고 알맞은 단어를 맞혀 보세요.

1. 더 나은 사회를 만들기 위해서는 사회 안에서 어떤 일들이 일어나고 있는지 늘 관심을 가져야 해요. 이때 가장 좋은 방법 중 하나가 바로 ㅅㅁ ㄱㅅ를 보는 거예요.

ㅅ ㅁ   ㄱ ㅅ

2. 사회 구성원들은 사회의 ㄱㅊ을 꼭 지켜야 해요. 하지만 때로는 그 ㄱㅊ이 옳은 것인지 의심해 볼 필요도 있어요.

ㄱ ㅊ

3. 어떤 사회의 ㅁㅎ가 우리 사회와 다르다고 해서 낮추어 보거나 높여 봐서는 안 돼요. 다소 낯설고 생소하더라도 있는 모습 그대로 이해하고, 차이를 인정해야 해요.

ㅁ ㅎ

4. ㅅㅎ 교과서는 옳고 그른 규칙을 가려내는 눈을 키워 주고, 소중하고 자랑스러운 우리 역사와 전통을 알려 주고, 우리가 사는 세상을 더 잘 이해할 수 있도록 도와줘요.

ㅅ ㅎ

정답 1. 신문 기사 2. 규칙 3. 문화 4. 사회

• 사진 제공_ 국립중앙박물관, 연합뉴스, Wikipedia

글쓴이 **김서윤**

사회학과 국어 국문학을 공부했다. 글을 쓰고 책을 만드는 일을 하고 있다. 『토요일의 심리 클럽』으로 제1회 창비청소년도서상 교양 부문 대상을 받았다. 지은 책으로 『사회는 쉽다 1 민주주의와 정치』, 『사회는 쉽다 4 모두를 위한 사회 복지』, 『사회는 쉽다 12 사회를 움직이는 노동』, 『내가 가게를 만든다면?』, 『내가 국제기구를 만든다면?』 등이 있다.

그린이 **우지현**

북한산 아래 작은 마을에서 태어났다. 숲과 도서관을 좋아하고, 날마다 그림을 그리며 살고 있다. 쓰고 그린 책으로 『울보 바위』, 『느릿느릿 도서관』, 『걸었어』(공저), 『내가 태어난 숲』(공저) 등이 있고, 그린 책으로는 『수학 도깨비』, 『아빠와 함께 걷는 문학 길』, 『마고할미네 가마솥』, 『위기일발 지구를 구한 감동의 환경 운동가들』, 『송곳니의 법칙』 등이 있다.

10 사회의 모든 것
사회는 쉽다!

1판 1쇄 펴냄 2012년 7월 17일 1판 5쇄 펴냄 2021년 5월 27일
2판 1쇄 펴냄 2022년 4월 20일 2판 3쇄 펴냄 2023년 11월 22일
글 김서윤 **그림** 우지현
펴낸이 박상희 **편집장** 전지선 **편집** 오혜환 **디자인** 정상철, 정경아
펴낸곳 (주)비룡소 출판등록 1994. 3. 17(제16-849호)
주소 06027 서울시 강남구 도산대로1길 62 강남출판문화센터 4층
전화 02)515-2000 **팩스** 02)515-2007 **홈페이지** www.bir.co.kr
제품명 어린이용 반양장 도서 **제조자명** (주)비룡소 **제조국명** 대한민국 **사용연령** 3세 이상

© 김서윤, 우지현 2012. Printed in Seoul, Korea.

ISBN 978-89-491-2510-7 74300/ 978-89-491-2500-8(세트)